AF497801

LA VIANDE

A BON MARCHÉ A ROUEN.

EXAMEN DES MOYENS PROPOSÉS

POUR ARRIVER A CE RÉSULTAT.

PAR

Alphonse PATRON,

AVOUÉ HONORAIRE,

Membre de l'Association Normande.

SE TROUVE :

A l'Office spécial des Affaires Administratives,

RUE PINCEDOS, 1,

Et chez MM. LEBRUMENT et HERPIN, Libraires à Rouen.

1851

LA VIANDE

A BON MARCHÉ A ROUEN.

DES MOYENS PROPOSÉS

POUR ARRIVER A CE RÉSULTAT.

Ce serait un grand bienfait que la diminution du prix de la viande et sa réduction à un taux assez bas pour que l'ouvrier qui gagne le moins à Rouen puisse arriver à consommer par semaine 1 kil. de viande.

Avec la moyenne des salaires que reçoivent les ouvriers des principales industries à Rouen (moyenne qui est, sans qu'on puisse la contredire, de 1 fr. 75 c. par jour de travail, dont le nombre est de 234 seulement *) , il faudrait que la viande pût être vendue 25 c. le kil. pour que l'ouvrier puisse en manger par semaine, nous le répétons, 1 kil.

Comme nous ne croyons pas que l'agriculture puisse donner

---

* 52 Dimanches, 6 jours de fêtes, 73 chômages, maladies, etc., 234 de travail. Les établissements industriels sont ouverts 309 jours, mais l'ouvrier ne travaille que 234 jours.

1851

jamais de la viande de bœuf à ce taux, même en venant elle-même conduire ses bestiaux aux abattoirs de Rouen, nous disons bien haut que *toutes les promesses de mettre la viande à la portée de l'immense majorité de la population de Rouen, en restreignant les prétendus bénéfices énormes des bouchers urbains, ne sont que de faux semblants de philanthropie.*

L'agriculture, pour s'enrichir, disons, avec elle, pour ne pas se voir ruinée complètement, empêche l'étranger de venir lui faire concurrence sur les marchés par l'introduction de ses bestiaux maigres en France.

L'agriculture veut encore et pousse les municipalités à admettre la concurrence *complète, illimitée* entre les bouchers forains et les bouchers urbains, dont une concurrence semblable doit amener la ruine.

Elle veut la protection pour elle, pour elle seule, et la refuse aux autres.

Dans son désir de pouvoir écouler à un prix élevé ses produits, qu'elle dit plus considérables que la consommation, elle dirige ses attaques, à Paris, contre les bouchers urbains, et elle les étend jusqu'aux bouchers de Rouen.

Ces attaques sont bien mal fondées pour ceux-ci ; car ces intermédiaires, à Rouen, sont indispensables à l'agriculture. Verra-t-on jamais un herbager d'*Angers,* de *Nantes* ou même de la vallée d'*Auge,* venir à Rouen faire abattre chaque semaine les *deux* ou *trois* bœufs qu'il y aura conduits ou fait conduire.

Comme à beaucoup de monde, on avait persuadé aux herbagers que les bouchers, à Rouen, faisaient des bénéfices exorbitants sur la viande ; que c'était eux qui empêchaient par là la consommation de la viande d'augmenter à Rouen.

Maintenant les yeux ont dû être dessillés, ou bien il faudrait désespérer de l'entendement humain, et dire que la vérité ne peut plus se faire jour.

On l'a vu, ces bénéfices exorbitants n'existent pas ; les herbagers doivent être convaincus que les bouchers urbains ne prennent qu'un bénéfice raisonnable , une juste rémunération des services qu'ils rendent aux éleveurs en dépeçant leur viande , en la détaillant , en payant *comptant et sans escompte*, aux intermédiaires qu'ils (les herbagers) *reconnaissent leur rendre de si immenses services*, le prix des bestiaux, quand eux , bouchers , vont courir les chances , quoi qu'on en ait pu dire , de perdre , et par le mauvais temps , et par les mauvais débiteurs , les bénéfices qu'ils peuvent faire; car les bouchers font des crédits considérables, de six mois à un an , tant pour la viande que pour les cuirs et le suif.

Si les producteurs avaient des plaintes à élever, nous eussions plutôt pensé que c'eût été contre les marchands de bœufs.

Les rabiniers , en effet , achètent des herbagers chez eux ou en foires ou marchés ; puisque les herbagers se plaignent du vil prix de leurs bestiaux , c'est que , nécessairement , les rabiniers les achètent bon marché , et qu'en vendant d'après les prix de Routot , ils gagnent sur eux en revendant leurs bestiaux. Nous reviendrons sur ce point.

Que les producteurs suppriment ces intermédiaires qui viennent d'*Angers*, de *Nantes* , de *Lisieux* , de *Caen* , de *Beaumont-en-Auge*, vendre à *Routot* ou à *Rouen* leurs élèves ; mais *non*, les producteurs ont reconnu que les rabiniers, nous le répétons, *rendent trop de services à l'agriculture* pour les supprimer.

Ils les conserveront donc, comme ils seront obligés de laisser subsister les bouchers.

Nous ne verrons donc pas , ni à *Routot*, ni à *Rouen* , cette *Saint-Bartélemy* d'intermédiaires que l'on prêchait de tous côtés. Les rabiniers et les bouchers peuvent vivre tranquilles , la croisade est avortée.

Toutefois, comme les bouchers *sont censés* rendre moins de services à l'agriculture, on leur fera grâce de la vie , mais on continuera à s'attaquer à leurs bénéfices.

On avait sonné la charge et la victoire : on ne peut pas tour-
ner bride, sans au moins avoir tenté encore quelques escar-
mouches.

Sans s'enquérir de la véritable position de la boucherie à
Rouen, on l'a assimilée à celle de Paris ; on a vu un monopole
là où il n'y en avait pas.

La boucherie urbaine, jusqu'en **1847**, a seule fourni à la
consommation de Rouen , c'est vrai. Mais depuis 1803 (ordon-
nance du **21** ventôse an II), l'ouverture d'échoppes de bouchers sur l'emplacement du Vieux-Marché a été autorisée. Rien
n'empêchait les bouchers forains d'y venir.

On a signalé à Rouen des bouchers vendant et achetant à la
cheville. IL N'Y EN A PAS.

On a signalé le prix des étaux comme s'élevant à un taux
exorbitant. Les plus forts étaux n'ont jamais valu **8,000** fr.

On a signalé les bouchers vendant la viande plus cher qu'elle
ne leur coûtait , ou du moins ne la vendant pas toujours 10 c.
de moins qu'ils ne l'achetaient.

Ceci est maintenant expliqué. Ils augmentent le prix de la
viande quand les *profits* du suif et du cuir ne sont pas assez
considérables pour couvrir la *juste* rémunération que l'on veut
bien reconnaître leur être due.

On a signalé... que n'a-t-on pas signalé contre la boucherie
urbaine de Rouen? on a signalé les bouchers comme pour ainsi
dire les vampires de l'agriculture.

Sans leurs énormes bénéfices , l'agriculture fleurirait !
la consommation s'augmenterait ! Voyez , disait-on dans les
pays où les producteurs ont abattu eux-mêmes leurs bestiaux,
ils ont fait des profits *incommensurables* , et toute la *Presse* de
rapporter le conte ou l'histoire de la vache d'*Echingen*.

Quand la froide raison vient , après que le bruit du *tam-tam*
est appaisé , examiner les faits , que reste-t-il le plus souvent?
Rien.

Cette vache d'Echingen, dont la mémoire passera à la postérité, si elle lit les vieux journaux, a produit, dit-on, 180 fr. à raison de 30 c. le demi-kilogramme, lorsque *les* bouchers n'en offraient que 63 fr. à *ses* propriétaires.

Mais quel âge avait-elle? Mais était-elle saine? Mais *les* propriétaires payaient-ils patente, payaient-ils des droits d'octroi, tenaient-ils boutique? etc.

Aura-t-on donc toujours des yeux pour ne pas voir?

Tâchons de jeter une telle clarté sur la question qui nous occupe, que les plus intéressés à fermer les yeux soient obligés de les ouvrir et de se rendre à l'évidence.

Enumérons de suite les divers moyens proposés pour mettre à Rouen le *prix* de la viande à la portée *de l'immense majorité de la population rouennaise* :

1° *Réduction des droits d'octroi,*

2° *Réduction des droits d'abattoirs,*

3° *Réduction du prix des étaux.*

4° *Réduction* des bénéfices des bouchers urbains,

5° *Création d'étaux pour les bouchers forains, pour établir une concurrence sérieuse, complète, et rompre le monopole.*

Et comme conséquences :

Abolition du syndicat des bouchers urbains agissant sur les bouchers forains ;

Transport de la viande à domicile ;

Libre ouverture et fermeture des échoppes des bouchers forains ;

Vente dans les échoppes par qui bon semblera.

6° Vente à la criée de la *viande* par quartiers;

7° Établissement d'un marché à Rouen, abattage dans les abattoirs par les producteurs eux-mêmes;

8° Suppression des intermédiaires.

Nous allons maintenant examiner successivement ces divers moyens et, pour rendre notre travail plus précis, nous allons le distribuer par chapitres.

CHAPITRE PREMIER.

Réduction des droits d'octroi

Quand nous avons publié notre brochure, *La Vérité sur la boucherie de Rouen*, nous ne pensions pas que nous eussions été obligé de retarder l'examen que nous nous proposions de faire de l'influence des droits d'octroi sur le prix de la viande; la nécessité où nous avons été mis de repousser des attaques que l'on a reconnues, nous l'espérons du moins, avoir été injustement dirigées contre nos affirmations, en a été la seule cause.

Nous allons aujourd'hui examiner à fond l'influence de ces droits sur la consommation de la viande.

Une ville, comme Rouen surtout, se trouve placée dans une position excessivement difficile, quand il s'agit d'établir un droit d'octroi pour subvenir aux ressources qui lui manquent.

D'un côté, elle sait les services qu'elle a à rémunérer et qu'elle ne peut laisser en souffrance.

Elle voit, de l'autre côté, les charges considérables qui vont peser sur ses habitans pour subvenir à l'entretien de ces services; la nécessité l'emporte, la dépense est admise, il faut la couvrir; les centimes *très-extraordinaires* sont absorbés. L'octroi est là, on le rend le plus supportable que possible, mais toutefois, comme les charges sont lourdes, il est impossible que le droit d'octroi soit léger.

Cependant, il est incontestable, et en se reportant à la discussion, on en reste convaincu, que la loi du **10 mars 1846**, relative à la perception du droit d'octroi sur les bestiaux, devait avoir pour résultat :

1° De diminuer, par le nouveau mode de perception, les droits d'octroi sur la viande, pour en faciliter l'usage aux classes peu aisées.

2° De favoriser l'agriculture ;

3° De produire l'amélioration des races de bestiaux.

La première partie du premier résultat que l'on attendait de la loi a-t-elle été atteinte ? Non ; car on a calculé le droit à percevoir par kil. de telle manière que, selon nous, le produit de l'octroi a augmenté ; selon d'autres, il serait resté stationnaire.

Admettons, pour un instant, l'opinion contraire à la nôtre.

Il est évident que la loi de 1846 n'a pas même, dans cette hypothèse, produit l'effet qu'on en attendait, puisque la viande est restée grevée du même droit qu'avant la loi, et que, dès lors, elle n'a pu être vendue meilleur marché.

On dira sans doute que, pour la viande dépecée, le tarif d'octroi a été favorable, et qu'ainsi les classes pauvres ont été favorisées.

Nous répondrons que la viande introduite, dépecée, ne suffit pas à la consommation des classes pauvres ; elles s'approvisionnent encore chez les bouchers, qui entrent leurs viandes vivantes ; car sans cela, que deviendrait la moitié de cette viande qui se compose des morceaux inférieurs ?

Mais il y a entre le droit d'entrée de la viande dépecée et celle vivante une différence de 20 c. par 100 kil.; oui, mais une différence dont le boucher forain ne fait pas profiter la consommation.

En effet, voici le prix des divers morceaux qui sont vendus à Rouen cette année :

Par les bouchers urbains.		Par les bouchers forains.
1 fr. 20 c. le kil.	queue-de-bran, nache, aloyau	1 fr. 20 c. le kil.
1 10 »	côtes fines.	1 10 »
1 » »	poitrine	1 » »
» 90 »	épaules	» 90 »
» 70 »	veines.	» 70 »
» 60 à 50 »	col.	» 60 à 50 »

Ce n'est point par ouï-dire que nous posons ces chiffres : on peut vérifier le fait au moyen des étiquettes placées ostensiblement sur chaque morceau mis en vente par les uns et par les autres.

Quel avantage cette différence de 20 c. par 100 kil. a-t-elle produit au consommateur qui s'approvisionne aux bouchers qui entrent de la viande dépecée ? Aucun. Le profit de 20 c. par 100 kil., ainsi que celui de 1 c. 4 millièmes par kil., provenant de la dispense du droit d'abattoir, est entré dans la bourse des bouchers forains, qui vendent généralement de la viande de moindre qualité, ce qui augmente encore leurs profits.

Pour que le consommateur peu aisé, soit qu'il s'approvisionne chez un boucher forain, soit qu'il se fournisse chez un boucher urbain, puisse se ressentir du bienfait proclamé par la loi de 1846, il faudrait :

Que le droit d'octroi fut entièrement aboli sur les morceaux de côtes fines, poitrine, épaules, veines, col, etc., etc. Il serait conservé sur les veaux, moutons, etc.

Le droit resterait tel qu'il est sur les morceaux de queue-de-bran, nache et aloyau.

Personne n'aurait à se plaindre, si ce n'est la recette de la ville.

Mais est-il juste que la ville, pour maintenir ses recettes au taux actuel, *cherche à réduire le prix de la viande* en introduisant une concurrence illimitée entre les bouchers forains et les bouchers urbains, lorsqu'il est prouvé maintenant que les bénéfices de ces derniers sont à peine suffisants pour leur faire tenir boutique ouverte ?

Le véritable moyen de diminuer *loyalement* le prix de la viande est d'abolir le droit d'octroi sur la nourriture de la classe ouvrière.

Cette abolition tournera *réellement* au profit du consommateur, parce que 9 c. de diminution par kil. de viande est un résultat sensible. Les bas morceaux, chacun le sait, valent, en temps ordinaire, les prix suivants : côtes fines 1 fr. 20 c., elles ne vaudront plus que 1 fr. 10 c. ; la poitrine 1 fr., 10 c., elle ne vaudra plus que 1 fr. ; les épaules 1 fr., elles ne vaudront plus que 90 c. ; les veines 90 c., elles ne vaudront plus que 80 c. ; le col 80 c., il ne vaudra plus que 70 c.

En un mot, le prix de la viande sera réduit à celui de cette année, mais avec cette différence que le boucher ne peut pas tenir à vendre de la viande à ce prix, et se ruine puisqu'il faut qu'il prélève sur le prix actuel les 9 c. de droits d'octroi ; tandis que, le droit n'étant plus à payer, il pourra ne pas fermer sa boutique et même faire quelque diminution sur les bas morceaux, ces 9 c. lui revenant en profit.

Il est impossible, pour que l'herbager puisse produire, pour que le boucher puisse tenir à vendre, que le prix de la viande soit mis plus bas que celui actuel, à moins de supprimer les rabiniers.

Si l'ouvrier travaillait dans ce moment, si les salaires augmentaient, non pas par jour, mais parce que le nombre de jours de travail ne se réduirait pas, par le chômage, de deux cent trente-quatre jours à deux cents jours, peut-être l'ouvrier pourrait, au taux actuel, ou acheter un demi-kil. de viande de plus, ou payer mieux son boulanger, ou enfin reporter cette économie sur une autre partie de son alimentation, acheter, par exemple, de la *boisson* au lieu de boire de l'*eau*.

Nous renvoyons nos lecteurs au budget de l'ouvrier que nous établissons à la fin de notre travail, budget qui a été déjà publié dans l'annuaire de l'Association-Normande. Quand on aura lu ce détail minutieux, mais positif, *réel*, de dépenses qu'un ouvrier *devrait pouvoir* faire et qu'il ne *peut* faire, on restera convaincu de ce que nous disions, qu'il est impossible de réduire le prix de la viande de manière à ce qu'il vienne à la portée de l'*immense majorité* de la population ouvrière de Rouen.

Seulement, en faisant cette réduction, vous rendez la viande plus à la portée de ceux qui *actuellement peuvent s'en procurer.*

Dire qu'on peut aller plus loin est malheureusement un *leurre.*

Mais en faisant ce que nous proposons, les bouchers urbains pourront subvenir à l'alimentation de cette partie de la population ouvrière qui peut se procurer actuellement de la viande, lui offrir une viande *salubre* à un prix *raisonnable*, sans que, par la concurrence des bouchers forains, on exerce sur eux une pression qui les contraindra à abandonner la ville et les abattoirs publics.

Cette perte sur les droits d'octroi ne sera pas de longue durée pour la ville ; car les bouchers, trouvant un débit plus facile de leurs bas morceaux, sinon dans la ville, du moins dans les campagnes qui viennent déjà s'approvisionner à la ville, ce que peut-être on ne sait pas, et qu'on aura peine à croire, abattront davantage de bestiaux, qui produiront bientôt, en poids de morceaux de choix, une quantité presque égale à celle que l'on exempte de droits.

Du reste, s'il y avait perte des revenus de l'octroi et que, pour rétablir l'équilibre du budget, il y eût nécessité d'augmenter les centimes additionnels aux contributions, puisque l'on veut améliorer le sort des classes peu aisées, au lieu de l'améliorer au préjudice de soixante-dix-huit individus et de leur famille, améliorez-le au préjudice des cent mille habitans de la ville.

Les bouchers en paieront leur part, mais au moins ils ne paieront pas toute cette amélioration.

L'exécution de cette mesure ne sera pas bien difficile : le mode de pesage de la viande abattue étant admis, on ne fera payer le droit d'octroi que sur la moitié, par exemple, du poids constaté, les hauts morceaux pouvant entrer pour moitié, à peu près, dans le poids total, ce qui serait du reste d'une constatation facile, surtout si, comme nous allons le demander, il était interdit de faire entrer par les bouchers urbains, ni par les bouchers forains, aucune viande morte par aucune barrière de Rouen, excepté par celle de l'abattoir, et encore parce que la viande sortirait de l'abattoir.

Il ne serait permis qu'aux habitants non marchands bouchers de faire entrer 5 kil. de viande par toutes les barrières ; mais alors le droit serait dû sans distinction de hauts ou bas morceaux.

Il entre à Rouen, année commune, 7,325 bœufs ou vaches ; en multipliant ce nombre par 179 kil., par exemple, de hauts morceaux, on aura 1,098,750 kil., qui, à raison de 9 fr. 20 c. les 100 kil., produiront 121,000 fr.; ce sera une perte d'environ 79,000 fr. sur le revenu que produisent les bœufs et les vaches ; mais cette perte ne sera pas, comme nous l'avons dit, sans compensation ; et si la consommation de la viande n'augmente pas, la consommation de la boisson augmentera ; car une grande partie de la population ouvrière boit de l'eau actuellement dans son ménage.

Puis, en définitive, puisque l'on veut faire du bien aux classes peu aisées, il faut que toute la population aisée y participe.

Il ne faut pas que l'on puisse dire *que les conseilleurs ne sont pas les payeurs.*

Cette abolition du droit d'octroi sur les bas morceaux donnerait à la ville une grande force pour demander, quand viendra l'expiration du terme pour lequel a été accordé le droit de perception du dixième en plus du droit, la continuation de cette perception

Nous croyons avoir démontré que le premier moyen de diminuer le prix de la viande à Rouen, pour les classes peu aisées, et par là de se conformer au vœu de la loi de 1846, rendue dans ce but, était, non pas de diminuer d'un quart, de moitié, ce droit, mais de l'abolir sur l'espèce de viande *présumée* servir à la nourriture de la classe peu aisée.

Qu'il nous soit permis de rapporter ici, à l'appui de notre opinion, celle d'un homme considérable, celle de M. de Lamartine.

Voici comment, lors de la discussion sur la loi de 1846, il s'est exprimé :

« *L'économie politique, dit-on, est une science de chiffres,*
« *il faut en écarter le sentiment. Eh bien ! non. L'économie*
« *politique a une âme et doit sentir pour les masses, dont elle*
« *fait la richesse ou la misère. Le bas prix des denrées pour le*
« *peuple, c'est la vertu de cette science ; l'enchérissement sys-*
« *tématique , c'est son crime.* »

Nous voudrions pouvoir citer tout son discours.

CHAPITRE II.

Réduction des droits d'abattoirs.

Nous l'avons dit, et cependant nous le redirons ici, les droits d'abattoir se divisent en deux parties : l'une *transitoire*, l'autre *permanente*.

Transitoirement, les droits d'abattoir ont pour objet de rembourser aux villes les dépenses qu'elles ont fait pour construire les abattoirs.

Comme disposition permanente, c'est l'indemnité que les bouchers doivent à la commune qui les *dispense* des frais qu'entraîneraient les abattoirs particuliers.

Nous avons fait voir combien était onéreux pour les bouchers cet établissement de l'abattoir à Rouen.

Aux uns, il coûte, par an.	3,000 fr.
Aux autres.	1,625
A ceux-ci	1,137
A ceux-là	623

Maintenant encore on peut voir les tueries des bouchers attenantes à leurs maisons d'habitation (dont les loyers sont augmentés), sans qu'ils puissent utiliser ces tueries.

Mais ne revenons pas sur le passé. Ce qui est fait est fait L'habitude est prise : cherchons le moyen de ne pas la faire changer. L'intérêt de la ville est de conserver son abattoir ouvert, en y maintenant sa clientelle prête à lui échapper.

Nous croyons en avoir trouvé le moyen.

La ville a fait deux emprunts pour les abattoirs, l'un de 440,000 fr., autorisé par ordonnances des 22 juillet et 20 novembre 1834 ; le second de 480,000 fr., dont 420,000 pour l'abattoir seulement, qui a eu lieu en 1839.

Le premier était remboursable par portions inégales, et, en 1850, il avait été payé 293,000 fr. ; il reste par conséquent 147,000 fr. remboursables en 1855, en cinq portions de 30,000, 31,000, 33,000, 34,000, 19,000. . . . . 147,000 fr.

Intérêts jusqu'au remboursement . . . . mémoire.

Le second est remboursable en 1860 par 24,000f.

Il restait dû, au 1er avril 1851 240,000

Intérêts jusqu'au remboursement, à 4 0/0 . . . mémoire.

Total des capitaux des deux emprunts . . . 387,000 fr.

Les revenus de l'abattoir étaient spécialement affectés au remboursement des emprunts.

Ils se sont élevés, depuis le 1er janvier 1838 au 1er janvier 1851 , à 1,013,300 fr.

Ils n'ont pas suffi pour payer les intérêts , les achats des actions remboursées jusqu'à ce jour en principal et intérêts.

Mais, maintenant qu'il est constant qu'il reste dû 387,000 fr. sur les deux emprunts :

Si l'administration municipale veut venir en aide à la population et conserver ses abattoirs occupés, un moyen bien simple se présente.

Elle connait ses prêteurs, elle a toute leur confiance , elle leur paie un intérêt satisfaisant; qu'elle leur propose de retarder de 20 ans le remboursement des 387,000 fr. , elle n'aura plus, chaque année, que dix-neuf mille francs en capital à rembourser, ci . . . . 19,000 fr.

Intérêts , sauf décroissance 15,000

Administration et entretien des abattoirs 19,700

Total des dépenses annuelles . . . . 53,700 fr.

Recettes , en moyenne 73,000

Reliquat . . . . 19,300 fr.

Il en résulte que la ville pourrait diminuer les droits d'un tiers ; ce sera le seul moyen de conserver ses abattoirs ouverts ; car rien n'empêche les bouchers d'aller tuer à l'extérieur et de rentrer leur viande tout habillée.

La diminution des droits ne peut porter aucun trouble dans les finances de la ville ; car les recettes de l'abattoir sont spécialement affectées au remboursement de l'emprunt, des frais d'administration et d'entretien, elles ne peuvent servir à autre chose ; qu'elles existent ou n'existent pas, le budget n'en peut souffrir ; mais si les abattoirs fermaient, ce serait une grande perte pour la ville, qui aurait fait des dépenses inutiles.

CHAPITRE III.

Réduction du prix des étaux.

Le prix des étaux de bouchers à Rouen, où il n'y avait pas limitation du nombre des bouchers, ne s'est jamais élevé à un taux tel qu'on puisse prétendre que leur valeur pût augmenter énormément les frais généraux des bouchers, et par conséquent influer sur le prix de la viande.

Les étaux de première classe n'ont jamais été vendus plus de 5 à 6,000 fr., et maintenant tous ces étaux ne sont d'aucune valeur ; ceux qui les ont achetés n'en trouveraient pas la dixième partie ; on a, par l'admission de la concurrence *irraisonnée* de la boucherie foraine, exproprié soixante-dix-huit familles d'une partie de leur fortune.

On a malheureusement, en agissant ainsi, cru que *Rouen* et *Paris* pouvaient être mis sur la même ligne ; sans s'enquérir de la vérité d'une pareille supposition, on a parlé, on a agi comme si la similitude était parfaite.

Les éclats des projectiles lancés contre la boucherie de Paris sont venus, après avoir frappé celle-ci, écraser celle de Rouen.

Sans enquête contradictoire, sans certitude, enfin, on a porté, en 1846, une grave atteinte aux droits des bouchers urbains ; cependant on a visé les anciens règlemens concernant la boucherie foraine. Ils ne donnaient droit à celle-ci que de vendre au Vieux-Marché ; ils avaient force de loi ; celle de juillet 1791 la leur avait conservée ; il eût fallu une loi pour les modifier ; mais, sans enquête préalable, le règlement de 1846 a permis aux bouchers *forains* de venir vendre, en plus du Vieux-

Marché, sur les places de la Rougemare, du clos Saint-Marc et de Saint-Sever.

Le marché du clos Saint-Marc, ainsi qu'on peut s'en convaincre en se reportant à l'enquête et à l'arrêté qui a autorisé sa création, n'était nullement destiné à servir de marché à la viande ; il est bien dit qu'il doit recevoir les marchands de comestibles de toute nature ; mais cela s'entendait de tous les marchands de comestibles qui obstruaient le quartier Martainville, ainsi que le portent les considérants de l'arrêté.

En 1846, on a permis aux bouchers forains de vendre *tous les jours*, tandis que ceux-ci, comme les boulangers forains, ne devraient pouvoir vendre qu'à des jours fixes.

Autrement ce ne sont plus des bouchers *forains*, ce sont des bouchers *sédentaires*, auxquels on n'impose qu'une location *insignifiante*, qui ne paient qu'une patente de commune de 1,000 âmes au lieu d'une de 100,000 âmes.

On a impatronisé dans la ville de Rouen des bouchers qui, aux jours de triste mémoire, raillaient les bouchers de Rouen qui s'étaient rendus à l'appel de la loi, des bouchers qui vendaient paisiblement leur viande, tandis que les autres fermaient leurs boutiques pour venir les protéger.

On a impatronisé des bouchers qui, si la viande redevenait chère, n'approvisionneraient plus la ville.

En présence d'une concurrence aussi *irraisonnable*, la réduction, ou plutôt l'annihilation du prix des étaux est promptement arrivée, et aujourd'hui la valeur des étaux est nulle ; celle qu'ils avaient était très-ordinaire. Ainsi, le prix des étaux n'a pas été et n'est pas la cause de la cherté de la viande à Rouen.

CHAPITRE IV.

Réduction des bénéfices des bouchers urbains.

Une juste rémunération leur est due pour les services qu'ils rendent aux producteurs.

On veut bien leur concéder ce point.

Mais comme il est reconnu par tout le monde que la taxe de la viande est chose impraticable, il n'est pas facile de déterminer quel sera le taux de cette indemnité.

On veut cependant arriver à la déterminer, et voici comment on tâche d'y parvenir :

Un rapport fait par M. de Kergolay, au conseil général d'agriculture, établit qu'à *Paris* (que l'on retienne bien ceci toujours, *Paris*), *qu'à Paris les profits des bouchers sur la peau, le suif et les issues, etc., etc., permettent à ceux-ci de vendre le bœuf à* 10 *c. meilleur marché qu'ils ne l'achètent, même en tenant compte des droits d'octroi.*

A Rouen, il est reconnu qu'en effet les profits sur la peau, sur le suif, sur les issues (pas autre chose ; on ne tire pas à Rouen profit d'autres parties de l'animal), permettent aux bouchers de vendre le bœuf à 10 c. meilleur marché qu'on ne l'achète, en tenant compte des *droits d'octroi* et même *d'abattoir.*

Mais c'est parce que les bases sur lesquelles reposent le principe posé par le conseil général d'agriculture, seront toujours les mêmes.

Quand on a pu vendre la viande 10 cent. meilleur marché qu'on ne l'achetait, c'est que :

La peau du bœuf ou de la vache vallait, le kil.,   » fr. 80 c.
Le suif   —   —   —   1   »
Les issues   —   —   —   18   »

Oui, tant que ces trois parties de l'animal restèrent à ce taux, on a pu se soumettre au principe posé par le conseil général.

Que l'on se reporte à notre brochure, la *Vérité sur la Boucherie de Rouen*, et l'on verra que, de 1840 à 1847, on a acheté la viande 1 fr. 25 c. en moyenne, et qu'en moyenne aussi on la vendait 1 fr. 15 c. ; c'était bien 10 c. de moins que l'on ne l'achetait, et en ce était compris le droit de 1 c. 4 millièmes par kil. pour droit d'*abattoir*, que le conseil d'agriculture n'englobe pas dans son compte, et dès lors, tout en restant soumis au principe posé, les bouchers de Rouen avaient le droit, eux, de ne vendre leur viande que 8 c. 6 millièmes de moins qu'ils ne l'achetaient.

Mais si le cuir de bœuf tombe de 80 c. à 60 c., 45 c., 35 c. ;

Mais si le suif de bœuf tombe de 1 fr. à 80 c., 78 c., 74 c.;

Si les issues tombent à 16 fr. ;

Est-il possible que l'on donne la viande à 10 c. meilleur marché qu'on ne l'achète ?

Le boucher peut-il se ruiner pour nourrir le consommateur ?

C'est cependant ce qui arrive cette année ; et nous pouvons justifier des marchés passés entre les bouchers et les marchands de cuirs et de tripes, qui établissent le taux de ces deux parties de l'animal, les uns de Pâques à Saint-Michel, les autres de Pâques en Pâques.

Nous avons déjà obtenu, dans un intérêt général, un résultat satisfaisant de notre publication sur la boucherie. Les mercuriales de Routot sont établies maintenant en présence des *bouchers* et *des marchands de bœufs ou rabiniers.*

La moyenne qu'elles donnent pour l'année 1851, du 8 janvier 1851 au 21 mai dernier, est de 1 fr. 09 c. 8 mil. ; et, dans ce moment, la viande en détail est à 0 fr. 975 mil. le kil.

Les bouchers vendent à 12 c. meilleur marché qu'ils n'achètent, et perdent 25 fr. 60 c. sur un bœuf. La position n'est réellement pas supportable.

Il doit être tenu pour constant qu'en général, c'est-à-dire que pendant dix ans sur douze, la moyenne des bénéfices n'a produit qu'une juste rémunération des services rendus par la boucherie aux producteurs.

Pour parvenir à prouver au public cette vérité, nous avons divisé les bouchers, à Rouen, en quatre classes. On a paru douter de l'exactitude de cette division ; nous avions raisonné par *voie de moyenne* ; nous allons mettre le public à même de raisonner sur la *réalité*, et peut-être que l'on ne demandera plus *de quel côté est la vérité.*

On ne viendra plus, raisonnant du particulier au général, soutenir que les bouchers s'approvisionnent de trois qualités de viande. D'abord, à Routot, on n'en connaît que deux, et entre elles il y a une différence de 5 c. ; mais peut-on venir dire qu'un boucher qui ne tue qu'un bœuf par semaine puisse mélanger son approvisionnement de trois qualités de viande ?

Quand on veut accuser, il faudrait au moins formuler une accusation vraisemblable.

Dira-t-on que, chaque semaine, il achète une qualité de viande différente ? Mais un boucher qui a de bonnes pratiques ne s'exposerait pas à un pareil trafic, de peur de les perdre.

Voici le document incontestable qui va faire connaître la réelle quantité de bestiaux, bœufs, veaux et moutons que les bouchers ont abattu en 1850. (*Voir à la fin le tableau* A.)

On peut maintenant, à l'aide de la moyenne des bénéfices sur chaque espèce de bestiaux, établie dans notre première brochure, trouver le bénéfice réel de chaque boucher.

Comme nous l'avons dit et comme on peut le vérifier, les bénéfices des bouchers ne sont pas un obstacle à la consommation de la viande ; ils ne sont pas exorbitants ; ils les mettent seulement à même d'acheter de beaux bestiaux. (Car notre proposition, qu'à Routot les bestiaux étaient les plus beaux de ceux que le Calvados exportaient, est pleinement confirmée par des hommes pratiques du pays.)

Nécessairement, en abattant de beaux bestiaux, ils livrent à la consommation une viande de bonne qualité, et si leurs bénéfices devenaient nuls, ils fermeraient boutique ou vendraient des viandes de basses qualités.

Il est donc important, maintenant que le public est à même d'apprécier le pour et le contre, que l'on examine le prix d'achat et le prix de vente des cuirs et des suifs avant que de crier *haro* sur les bouchers.

Une taxe matérielle ne peut avoir lieu, mais une taxe morale, pour ainsi dire, peut s'établir; toutefois, il faut qu'elle soit *raisonnée*.

CHAPITRE V.

Création d'étaux pour les bouchers forains, pour établir une concurrence sérieuse, complète, et rompre le monopole.

Comme conséquences :

§ 1er. *Abolition du syndicat des bouchers urbains agissant sur les bouchers forains.*

§ 2. *Transport de la viande à domicile.*

§ 3. *Libre ouverture et fermeture des étaux de bouchers forains.*

§ 4. *Liberté aux bouchers forains de faire vendre dans leurs échoppes par qui bon leur semblera.*

Voilà le grand moyen que l'on a trouvé :

Non *pas pour diminuer* le prix de la viande, mais pour faire cesser les bénéfices soi-disant exorbitants, scandaleux des bouchers urbains ;

Non *pas pour augmenter la consommation* de la viande, mais pour sacrifier les bouchers urbains aux plaintes des herbagers *locataires*.

Nous disons *non pas pour diminuer le prix de la viande en détail :*

Parce que, en effet, les bouchers forains vendent de la viande inférieure à celle des bouchers urbains, le même prix.

Mais, dira-t-on, vous ne pouvez nier que, depuis 1847, les bouchers urbains ont diminué le prix de la viande, et comme c'est depuis cette époque que la concurrence réelle des bouchers forains s'est organisée, donc c'est elle qui est cause de cette baisse.

Nous répondrons que, d'abord, il faudrait s'assurer si les bouchers forains n'ont pas vendu le même prix que les bouchers urbains en 1848. L'affirmative est certaine.

En 1849, ils ont vendu le même prix, c'est encore certain.

En 1850, année où les bouchers urbains ont fait de beaux bénéfices, est-ce que les bouchers forains n'ont pas fait comme eux ?

Peut-être que ce fait, prouvé comme nous allons le faire, enlèvera à la concurrence des bouchers forains cette importance qu'on lui donne vis-à-vis des herbagers *locataires* surtout.

Si cette concurrence, à Rouen, était la véritable cause de la baisse que la viande en détail a éprouvée en 1850, la baisse n'aurait pas dû s'arrêter à 1 fr. 5 c., elle eût dû aller jusqu'à 90 c., car la moyenne des mercuriales du prix d'achat était de 97 c. le kil.

Mais non, les bouchers forains, achetant des bestiaux d'une qualité *ignorée*, ont profité, comme les bouchers urbains, de la baisse de la viande en général, et ils ont fait de plus beaux bénéfices que les bouchers urbains. En voici la preuve :

Compte de revient en 1850.

Un bœuf ou vache, pesant 300 kil. nets de viande seulement,
parce que les bêtes que tuent généralement les bouchers forains,
venant vendre en ville, sont moins pesantes et de moindre qualité que celles tuées par les bouchers urbains; 300 kil., vendus à
1 fr. 05 c., donnent. . . . . 315 fr.
    Cuir, 35 kil. à 60 c. 21
    Suif, 50 kil. à 80 c. 40
    Issues. 15
                  Vente. . . . . 391 fr.

285 fr. » c. achat à 95 c. le kil., 300 kil.
  27   »   droits d'entrée sur 300 kil., à 9 fr. les 100 kil.
   2   70   dixième du droit.

314 fr. 70 c.
 76   30   bénéfice.

391 fr. »   total égal.

Ainsi, sur un bœuf de 300 kil. ils gagnaient 76 fr., et les
bouchers urbains, sur un bœuf de 358 kil., gagnaient 86 fr. ; ce
qui donnait, pour les bouchers forains, 25 millièmes par kil.,
et pour les bouchers urbains 24 millièmes.

Mais, sur ces 24 millièmes, les bouchers urbains étaient
obligés de prélever tous les frais généraux, et les bouchers
forains ne prélevaient presque rien.

Si la concurrence eût été réellement dans l'intérêt de la
classe peu aisée, les bouchers forains eussent dû, nous le répétons, ne devoir vendre leur viande que 90 centimes en
moyenne.

Un pareil résultat ne donnera-t-il pas à réfléchir aux producteurs, qui pensent que la concurrence des bouchers forains

fera *augmenter la consommation*, et, par contre, augmenter le prix de la viande sur pied ?

Ils voient le contraire ; bouchers urbains, bouchers forains, ont profité de la baisse sur les marchés, mais aucun d'eux n'en a fait profiter le public.

C'est l'opinion publique qui a agi par pression sur les bouchers ; mais ici, comme en bien des choses, elle a agi sans mesure. Il y a trois ans, elle ne s'occupait pas de la question de la boucherie ; depuis un an, elle a accepté tout ce qui lui a été dit contre les bouchers sans examen, et a amené une baisse dans le prix des viandes telle, que producteurs et intermédiaires (bouchers) ne pourront plus y tenir.

Les producteurs voient l'effet produit par leurs doléances. Loin de venir à leur aide, l'opinion publique n'a fait attention qu'à une chose, c'est que la viande se vendait à vil prix ; et elle a voulu que le boucher la lui livrât à vil prix.

Mais, nous le demandons à tout homme de bonne foi, comment voulez-vous que l'agriculture puisse faire remonter ses prix sur les marchés, si elle cherche elle-même à réduire les prix de revente ?

Le plus simple bon sens fait reconnaître que si l'on achète cher, on ne peut, sous peine de se ruiner, revendre à bon marché.

C'est cependant ce que prétendent faire faire les producteurs aux bouchers urbains ; mais ils se sont trompés ; ils croyaient qu'en faisant réduire les bénéfices des bouchers, le public allait être assez juste pour leur rendre cette différence.

Le public a voulu réduire les bénéfices des bouchers, mais il a fermé les oreilles aux réclamations des producteurs, et profite *du malheur de tous.*

Ceci rappelle involontairement *Bertrand* et *Raton.*

Personne ne peut donc plus prétendre qu'à *Rouen* les bouchers urbains sont cause de la cherté de la viande.

Oui ! et on ne saurait trop le répéter, car les accents de

la vérité, jusqu'à ce jour couverts par le bruit du *tam-tam* de *l'erreur*, n'ont pas eu encore la force de le dominer; oui ! les bouchers de Rouen, quand le suif et le cuir sont vendus le prix , le cuir de 80 c. et le suif de 1 fr., ils vendent la viande 10 centimes meilleur marché qu'ils ne l'achètent, en y comprenant les frais d'octroi et ceux *d'abattoir*.

Ne venez plus, producteurs, soit par vous-mêmes, soit par les écrivains qui se sont occupés de la question, promettre à la population de Rouen la viande à *bas-prix, au moyen* de la concurrence des bouchers forains contre les bouchers urbains.

La population rouennaise doit, nous l'espérons, avoir maintenant compris que cette concurrence ne lui a nullement profité.

Elle doit savoir que, lors même que vous vous feriez marchands bouchers, vous ne *voudriez* pas lui donner la viande à meilleur marché que les bouchers, puisque, d'une part, vous voulez tâcher d'augmenter le prix que vous la vendez actuellement sur les marchés, et que, pour tenir étal ou échoppe de boucher, soit urbain, soit forain, vous seriez obligés de vendre au taux actuel pour y tenir.

Ne venez plus, producteurs, prétendre que ce sont, à Rouen, les bouchers qui sont cause que vous vendez vos bestiaux gras avec si peu de bénéfices ;

Qu'ils pèsent sur les marchés de Routot; mais vous n'y venez pas, aux marchés de Routot. Ce sont les marchands de bœufs qui ont acheté vos élèves qui viennent à Routot, et ce sont eux , nous l'avons prouvé et nous fournirons, s'il le faut, encore de nouvelles preuves , ce sont eux qui pèsent sur le marché.

Du reste, nous avons fait un relevé des mercuriales de Caen, de Beaumont-en-Auge, du prix de vente dans les herbages du Calvados, et nous savons maintenant combien, en 1850, vous vendiez vos bœufs : à Caen, 89 centimes 1/3 en moyenne ; à Beaumont-en-Auge, 90 centimes ; dans vos herbages, 90 c.

Vous vendiez ce prix aux marchands de bœufs ; les bouchers

ont voulu aller chez vous, vous vouliez leur vendre plus cher qu'aux rabiniers ; ils ont cessé d'y aller ; car s'ils avaient un bénéfice léger, il fallait qu'il fissent des frais importants de transport.

Venez à *Routot*, messieurs les producteurs ; venez à *Rouen*. Que fait aux bouchers d'acheter à vous ou aux rabiniers ?

Mais vous n'y viendrez pas, et vous ne pouvez pas y venir ; car vous ne vous vous dérangerez pas de *Nantes*, d'*Angers*, de *Beaumont-en-Auge*, de *Caen*, de *Lisieux* même, pour amener peut-être chacun 2 ou 3 bœufs qui sont propres à être vendus à *Routot* ou à *Rouen*.

Vous aimez mieux les vendre sur les grands marchés que nous venons d'indiquer ou chez vous, sans déplacement ; cela se conçoit.

D'ailleurs, à Routot, pour la consommation des environs, il ne se vend, en moyenne, que 350 bœufs par semaine ; pour Rouen, il ne s'en vend que 111 par semaine. Autrefois, avant la concurrence, que vous avez sollicitée, il s'en vendait 145. Mais vous avez tiré sur vous, messieurs les producteurs ; car les bouchers forains, qui ont enlevé aux bouchers urbains la vente de 400 bœufs ou vaches par an, ne vous les achètent pas. Ils vous en achètent peut-être 100 dans tout le cours de l'année.

Voulez-vous la preuve de ce que nous avançons? la voici :

En 1846, quand la boucherie urbaine approvisionnait seule la ville, il entrait à Rouen, à l'abattoir, 5,660 bœufs, ci   5,660

En 1847, il n'en est plus entré que   5,439

Différence   221

En 1846, il entrait, bœufs   5,660

En 1848, il n'en est plus entré que   4,962

Différence   698

En 1846, il entrait, bœufs   5,660
En 1849, il entrait, bœufs   5,553

Différence   107

En 1850, il entrait, bœufs   5,771
En 1846, il n'était entré que   5,660

Différence en plus   111

Mais, si nous faisons le même calcul pour les vaches, on va voir quelle énorme différence en moins.

En 1846, il entrait, vaches grasses   2,120
En 1847   1,762

Différence   358

En 1846, il entrait   2,120
En 1848, il entrait   1,515

Différence   615

En 1846, il entrait   2,120
En 1849, il entrait   1,102

Différence   1,018

En 1846, il entrait, vaches   2,120
En 1850, il entrait   1,068

Différence   1,052

Messieurs les producteurs, nous vous le disons, vous êtes comme les malades qui ont recours aux remèdes empiriques quand ils ne savent plus à quel médecin s'adresser.

Vous avez cru trouver votre guérison en attaquant les bouchers, après avoir obtenu que la *concurrence étrangère ne se ferait pas contre vous* pour vos bestiaux maigres.

Vous déclarez que vous ne pouvez pas tenir si l'étranger

amène en France ses bestiaux maigres , parce qu'il peut les produire à meilleur marché que vous , n'ayant pas *toutes vos charges*.

Et vous voulez que le boucher urbain , qui a toutes sortes de charges, lutte contre le boucher forain , qui n'en a pas ?

Est-ce juste ? Peut-il y avoir deux poids et deux mesures *?*

Quel est donc alors , se demande-t-on , le remède à apporter aux souffrances de l'agriculture ?

Le remède est difficile à indiquer ; mais , peut-être , quand nous aurons fait connaître une des causes du mal , d'autres pourront y trouver un remède.

Il n'y a pas qu'une cause à la position critique des producteurs de bestiaux.

Nous n'en indiquerons cependant qu'une , l'examen des autres nous conduirait trop loin. Celle que nous allons faire connaître est réelle, palpable et incontestable.

C'est l'augmentation du prix de la location des herbages.

Les propriétaires des herbages les ont considérablement améliorés. Ces améliorations ont nécessité des frais importants. Nécessairement, ils ont voulu en être couverts. Eh bien! depuis dix ans, dans le pays de la Normandie, d'où se tirent les bœufs gras , la location de la place d'un bœuf, qui était à cette époque de 70 fr. , est aujourd'hui de 100 à 120 fr.

Ne pouvant vendre la viande plus cher aujourd'hui qu'il y a dix ans, *nécessairement* l'engraisseur se trouve perdre à gagner ces 30 à 50 fr. par bœuf. C'est une perte énorme , mais est-ce la faute des bouchers ? Sont-ce eux qui *profitent de cette perte qu'éprouvent les producteurs ?*

Pas plus que les bouchers, les éleveurs locataires ne sont représentés dans les grandes réunions où s'agitent les intérêts de l'agriculture ; les propriétaires seuls y ont voix délibérative ; et, pour empêcher leurs fermiers de se plaindre contre le renchérissement *juste, nous ne le nions pas,* des locations de leurs herbages, ils les soutiennent par l'espoir de leur faire vendre leurs produits à un meilleur prix quand la *concurrence* aura anéanti le *monopole* des bouchers.

Mais ces promesses ne pourront pas se réaliser, parce que le public, habitué maintenant à acheter à bas prix la viande, ne se laissera pas facilement prendre à la payer plus cher.

Est-ce à dire que, dans l'intérêt général, nous repoussons toute concurrence ? *Non.* Nous voudrions, comme nous l'avons dit, une concurrence loyale, équitable ; et si on veut la maintenir telle qu'elle est à Rouen, qu'on ne la permette que dans des conditions qui ne portent pas atteinte à la santé publique.

Qu'on n'inocule pas à Rouen cette concurrence effrénée qui a eu lieu de 1791 à 1802, à Paris, et contre laquelle les herbagers eux-mêmes ont réclamé par des plaintes incessantes et dans des termes qui, s'ils étaient mis sous les yeux du public, feraient voir que l'agriculture a toujours cherché, mais n'a pas encore trouvé un remède à l'état de malaise qui la rongeait et qui s'est accru depuis dix ans par les nouvelles charges que les améliorations des herbages leur ont imposées.

Les hommes éclairés, on nous l'accordera, qui composaient le conseil municipal de Paris, en 1840, ont fait ressortir les effets désastreux de cette concurrence.

Qu'on lise attentivement le lumineux rapport de M. Boulay (de la Meurthe) aîné, au nom d'une commission composée de MM. Aubé, président ; Lahure, Lanquetin, Preschez, Samson d'Avilliers, Horace Say, Alexis Beau, Galis et Perret.

Ce rapport concluait à la limitation du nombre des bouchers à Paris à raison de 2,200 habitants par boucher ; il admettait une concurrence raisonnable.

Mais les idées ont marché, et la loi de 1846 a autorisé une concurrence beaucoup plus large.

Nous suivrons la marche des idées, mais nous ne voudrions pas qu'elles amenassent un bouleversement ni dans la boucherie ni ailleurs.

Nous admettons la concurrence.

Un moyen de la rendre utile aux classes peu aisées est, nous l'avons dit, de supprimer les droits d'octroi sur les *bas morceaux*.

Mais ceci serait général pour les bouchers urbains et forains.

Voyons les moyens particuliers qui, selon nous, devraient être employés pour que la population tout entière *soit assurée de manger de la viande saine*, et pour que les bouchers urbains ne soient pas absorbés par les bouchers forains.

Le premier moyen à employer, dans l'intérêt du consommateur, serait d'exiger que TOUS LES BESTIAUX FUSSENT AMENÉS VIVANTS aux abattoirs de Rouen.

Les bouchers forains seraient dispensés de TOUS DROITS.

La viande de choix, payant seule le droit d'entrée, toute celle qu'ils ne voudraient pas faire entrer en ville en serait dispensée, puisqu'en adoptant le mode de pesage que nous avons proposé d'appliquer à Rouen, l'abattoir deviendrait un entrepôt.

Il serait interdit aux bouchers de faire entrer aucune viande à la main dans la ville; la viande provenant de l'abattoir serait seule admise à la barrière de l'abattoir.

Les habitants non marchands bouchers auraient le droit d'entrer 5 kil. de viande par toutes les barrières, mais en payant le droit, sans distinction de morceaux.

Les barrières sont pour les villes ce que sont les bureaux de douane pour la France. Le gouvernement interdit des bureaux de douane à telle ou telle marchandise; le maire, dans sa commune, a les mêmes droits quand il s'agit de la santé publique.

On voit de suite l'immense avantage que ce moyen procurerait.

La qualité de la viande que la population consomme serait *constatée* ; on ne verrait plus sur les marchés des viandes qui *à peine peuvent retenir leur moelle*.

On ne courrait plus la chance de manger de la viande *morte* avant que d'être *abattue*;

De manger de la viande d'animaux *mal sains*, d'animaux qui peuvent avoir été *mordus* par des chiens enragés.

C'est avec effroi que l'on songe aux conséquences qui peuvent résulter de cette alimentation morbifique qui, par suite de l'introduction de la viande dépecée, peut se trouver partout.

La visite des animaux sur pied et la visite des intestins, après qu'ils sont abattus donnerait toute sécurité aux consommateurs.

Nos anciens avaient bien plus souci que nous de la santé publique. Le règlement de 1751, dans son article 20, portait que :

« Nul ne pourra appareiller et exposer en vente animaux,
« chairs de bœuf, vaches, porcs, veaux et agneaux, que ces
« bêtes n'aient été vérifiées par les gardes, lors de laquelle
« visite chaque boucher sera tenu de montrer et faire vérifier
« toutes les chairs et issues, sans pouvoir en soustraire ni
« détourner. »

Nos anciens, selon leur naïve expression, ne voulaient pas qu'il pût être vendu des viandes incapables d'entrer *au corps humain*.

Pour les bouchers urbains, notre municipalité, dans son règlement sur l'abattoir, a pris les mêmes précautions. Toutes les viandes qui sortent de l'abattoir sont parfaitement saines.

Mais pour les bouchers forains ou les bouchers urbains qui font entrer des viandes *dépecées*, dites *à la main*, quelles garanties a-t-on prises ?

Le règlement de 1846 dit bien qu'il est défendu, *sous les peines de droit, d'exposer en vente* des viandes insalubres ou malsaines ; mais quand les *issues* ne sont pas représentées, peut-on arriver *facilement* à constater si la bête a été réellement abattue ou est *morte de maladie ?*

Lors de la discussion de la loi de 1846, cette pensée avait occupé nos législateurs ; M. de Rambuteau, préfet de Paris, l'avait énergiquement développée et soutenue.

Il disait : « Quelques précautions que l'on puisse prendre, « la viande à la main ne pourra jamais être soumise à une sur- « veillance aussi rigoureuse que celle qui est exercée dans les « abattoirs de Paris, et qu'il pourrait en résulter des consé- « quences funestes pour la population. »

M. le préfet de police , M. Delessert, a déclaré à la Chambre des Pairs « que la surveillance sur la viande depecée était « complète, efficace ; qu'elle s'exerçait non seulement sur les « marchés de l'intérieur , mais même dans toute la banlieue, « sur laquelle la préfecture de police étend sa juridiction. Les « viandes exposées en vente ne proviennent que d'animaux « vendus à *Sceaux* et à *Poissy*, sous la surveillance de l'autorité. « Et, d'ailleurs, il existe déjà, dans la plupart des communes « de la banlieue, des abattoirs qui sont l'objet d'une surveillance « aussi active que celle qui est exercée dans les abattoirs de « Paris.

« Il y a là certainement de quoi prévenir tous les dangers , « dissiper toutes les inquiétudes. »

Or comme, dans la banlieue de Rouen et ses environs, rien de tout cela n'existe, les dangers signalés pour Paris, les inquié- tudes sérieuses pour la santé publique existent dans toute leur force.

La centralisation de tous les animaux dont les viandes doi- vent *entrer au corps humain*, à Rouen, dans l'abattoir de cette ville , est l'unique moyen de donner toute sécurité.

Dans les communes rurales , les bouchers ne devraient être admis à abattre un animal destiné à la boucherie que sur un certificat du maire, constatant que l'animal n'est pas atteint de maladie.

On établit des lazarets pour empêcher la peste d'entrer en France, et on laisse liberté entière, dans nos campagnes, d'ino- culer les maladies les plus dangereuses.

La mesure que nous proposons pourra sans doute déplaire à quelques bouchers, mais elle procurera aux habitants une sécurité qu'ils n'ont pas, et cette mesure, bien appréciée par les bouchers honnêtes, tournera en définitive à l'avantage de tous, même des bouchers forains, auxquels beaucoup de personnes à Rouen n'achètent pas, craignant de ne pas trouver de la viande bien saine.

Nous avons dit comment nous entendions la concurrence entre les bouchers urbains et forains, voyons maintenant les conditions sous lesquelles les partisans de la concurrence illimitée la demandent.

§ Ier.

Abolition du syndicat des bouchers urbains agissant sur les bouchers forains.

D'abord, à Rouen, il n'y a pas, à nettement parler, de syndicat. Il y a des experts.

Avec notre système de faire entrer à l'abattoir tous les bestiaux que l'on voudrait abattre, l'inspection de chaque animal serait faite par l'inspecteur avant et après l'abattage ; une fois sortie de l'abattoir, la police seule s'occuperait de savoir si la viande est ou non *gâtée*. Si elle se croit suffisammeut connaisseuse pour décider cette question, elle agira seule ; si elle veut prendre des experts, où les prendra-t-elle ? Ceci nous importe peu. Cependant ce ne sera pas en dehors des hommes exerçant l'état de boucher. Passons.

§ II.

Transport de la viande à domicile.

On veut, comme on l'aperçoit de suite, établir des bouchers sédentaires. Ce ne sont pas des bouchers venant à un marché et vendant aux passants dont on veut, ce sont des bouchers ayant pratiqué en ville et pouvant aller porter dans nos grandes maisons de Rouen les provisions de viande, sans que les dames ou les domestiques se donnent la peine de venir faire leurs achats, comme cela se pratique envers la boucherie urbaine.

Si encore on était certain que les bouchers forains portassent leur viande à des personnes qui la leur auraient demandée, à des personnes qui préfèrent faire gagner des étrangers à la ville que des citoyens qui abandonnent leurs foyers pour courir à la défense de la cité, on pourrait encore tolérer ce transport de la viande ; mais c'est que, sous prétexte de transporter de la viande *achetée*, ils iront en *proposer* à acheter dans toutes les maisons et à un prix de rabais très-considérable.

Admettre ce transport, c'est admettre le colportage, c'est vouloir, dites-le de suite, *anéantir* les bouchers urbains, qui, eux, ne peuvent *courir la pratique*.

C'est vouloir forcer les bouchers urbains à se mettre bouchers forains, à abandonner leurs maisons, à les laisser aux propriétaires, et, au lieu d'une boutique, à avoir une échoppe sur le marché.

C'est les pousser à abandonner les abattoirs, que la ville a cependant quelque intérêt à conserver, à cause des dépenses qu'elle a faites.

Encore si l'on espérait augmenter la consommation par ce moyen.

Mais non, vous changerez *le débit*, mais vous ne l'augmenterez pas.

Le cercle des consommateurs ne s'augmentera pas, même au moyen de ce colportage.

Même en diminuant les droits d'octroi, comme nous le proposons, on n'aura pas un plus grand nombre de consommateurs : on facilitera seulement aux consommateurs actuels le moyen de se donner peut-être un 1/2 kil. de viande par semaine.

Ceci nous ramène tout naturellement à l'examen de la question de savoir si la concurrence des bouchers forains a amené une augmentation dans la consommation de la viande depuis 1847.

Dans la polémique qui a eu lieu sur cette question, il a été dit qu'il y avait eu une augmentation de 380,829 kil. entre la consommation de 1846 et celle de 1850. Nous avons soutenu qu'il n'y avait eu qu'une augmentation, de viande *entrée*, de 184,305 kil.

Nous devons d'abord faire connaître un fait qui explique le mot *entrée* dont nous nous servons : c'est que, tous les jours d'abat, il sort pour les environs de Rouen une énorme quantité de viande composée des bas morceaux. Ceci se comprend facilement : la boucherie de Rouen tue, à la connaissance de toute la boucherie, la plus belle qualité d'animaux de la Normandie ; de telle sorte que les bas morceaux de la boucherie de Rouen sont préférables, d'abord, aux bas morceaux de la boucherie des environs, et même à certains morceaux dits de choix qui se débitent dans ces mêmes localités.

Nous ne pouvons indiquer même approximativement la quantité de viande ainsi ressortie de Rouen, mais elle est considérable, et est devenue plus grande encore depuis que les bouchers urbains ne peuvent plus vendre leurs bas morceaux à la population rouennaise.

Cette viande, ainsi ressortie, devrait obtenir la restitution des droits ; mais, avec le système proposé, comme elle en serait exempte, nous ne nous arrêterons pas sur ce point.

Seulement, nous voulions poser un fait qui va singulièrement déranger les calculs des partisans de la concurrence des bouchers forains ; à savoir qu'il y a eu, depuis 1847, diminution dans la consommation de la viande.

Il y a deux manières d'établir ce point.

La première consiste à prendre le poids *brut* des animaux entrés pesés vivants ;

La seconde consiste à prendre le poids moyen que les bouchers reconnaissent être produit en *viande* par chaque espèce d'animaux de boucherie.

C'est cette dernière manière que nous adopterons ; et, en prenant les mêmes multiplicateurs pour toutes les années, nous arriverons à un résultat aussi exact que possible.

Nous prenons pour base de cette comparaison, que nous allons faire, l'année 1846.

Pour ne pas surcharger notre travail de chiffres fatigants, nous allons donner les nombres de kil. par lesquels nous multiplions la quantité d'animaux entrés à l'abattoir.

Les bœufs sont multipliés par 358 kil.
Les vaches   id.   300
Les veaux   id.   65
Les moutons   id.   30

En 1846, il est entré à l'abattoir 5,660 bœufs, 2,120 vaches, 10,391 veaux, 24,442 moutons.

Produit de la viande provenant de l'abattoir   4,070,955 kil.
Viande à la main 38,692

Total . . . . 4,109,647 kil.

En 1847, il est entré 5,409 bœufs, 1,762 vaches, 9,280 veaux, 22,630 moutons.

Produit de la viande provenant de l'abattoir . . . . 3,765,862 kil.
Viande dépecée, sauf le porc   210,556

Total . . . . . 3,976,428 kil. . . 3,976,428 kil.

Différence en moins . . . . 133,219 kil.

En 1846 , il est entré en viande . . .. 4,109,647 kil.

En 1848 , il est entré 4,962 bœufs, 1,515 vaches, 7,782 veaux , 19,213 moutons.

Produit de la viande provenant de l'abattoir . . . . 3,311,116 kil.

Viande dépecée, sauf le porc   396,520

Total . . . . 3,707,636 kil.   3,707,636 kil.

Différence en moins . . . .   402,011 kil.

En 1846 , il est entré en viande . . . . . . 4,109,647 kil.

En 1849, il est entré à l'abattoir 5,553 bœufs, 1,102 vaches , 7,966 veaux, 21,669 moutons.

Produit de la viande provenant de l'abattoir . . . . 3,486,434 kil.

Viande dépecée, sauf le porc   431,174

Total . . . . . 3,917,608 kil.   3,917,608 kil.

Différence en moins . . . .   192,039 kil.

En 1846, il est entré en viande . . . . 4,109,647 kil.

En 1850, il est entré à l'abattoir 5,771 bœufs, 1,068 vaches , 8,472 veaux, 22,499 moutons.

Produit de la viande provenant de l'abattoir . . . . 3,612,068 kil.

Viande dépecée, sauf le porc   431,853

Total . . . . . . 4,043,921 kil.   4,043,921 kil.

Différence en moins . . . .   65,726 kil.

Maintenant, réunissons ces différences en moins ; savoir :

1847 . . . . 133,219 kil.

1848 402,011

1849 192,039
1850 65,726

Total des différences en moins 793,095 kil.
Dont le quart est de 198,273

La consommation a diminué, depuis 1846, par année, de 198,273 kil. C'est une diminution de 198 GRAMMES par tête d'habitants qui a été *obtenue*, en portant la désorganisation dans l'état de boucher.

En effet, en 1846, la population était de 100,000 âmes, comme elle l'est aujourd'hui ; il se consommait à Rouen, par tête, 41 kil. par an. Depuis quatre ans, il ne s'en est plus consommé que 39 kil.

Nous ne pouvons nous empêcher d'appeler l'attention de nos lecteurs sur ce qui résulte de ce tableau de la consommation *présumée* des habitants de Rouen ; nous disons *présumée*, car elle n'est pas aussi forte que nous l'accordons. (1)

Mettons 39 kil. de viande par année, c'est 105 grammes par jour pour chaque individu, mais chaque individu ne les mange pas. En effet, pour qu'un individu mange 210 grammes de viande dans sa journée, il faut qu'il y en ait un autre qui s'en passe. Ainsi sur la population de Rouen, de 100,000 âmes, il y a au moins 50,000 individus qui ne mettent pas un morceau de viande sous leurs dents dans toute l'année.

Quand on réfléchit à une telle calamité, que de vœux ne fait-on pas pour que l'organisation de l'industrie lui permette

______

(1) Il n'est pas exact de dire que la consommation soit de 39 kil. par tête, car il faut déduire 1/4 du poids de la viande pour les os, ce qui fait un million de kil.; plus, pour la perte annuelle que les bouchers éprouvent par l'intempérie des saisons, 11 mille kil.; en tout, 1,011,000 kil.; ce qui réduit en définitif la consommation de viande proprement dite à 38 kil. par an, ou 730 grammes par semaine, ou 105 grammes par jour.

de rémunérer plus régulièrement ses ouvriers, si elle ne peut pas augmenter leurs salaires !

Si l'on pouvait réaliser l'un et l'autre, notre contrée industrielle offrirait nécessairement des bénéfices aux producteurs de bestiaux. Quand cela arriva-t-il ?

§ III.

Ouverture et fermeture des échoppes de bouchers forains,
comme pour les boutiques des bouchers urbains.

C'est ici le complément de la ruine des bouchers urbains ; pour les ruiner tout à fait, c'était le vrai moyen.

Ainsi, l'on veut positivement que le boucher forain profite de tous les avantages de l'habitation d'une ville sans qu'il en supporte une seule charge.

On veut qu'il puisse tenir son échoppe ouverte toute la journée ; puis comme le soir il pourrait avoir des frais d'*éclairage*, on lui défend de faire ces frais.

Voyez jusqu'où va la tendresse pour les bouchers forains ; on comptait tellement sur eux pour augmenter la consommation, qu'on ne savait quel moyen trouver pour les récompenser.

Peut-être est-on un peu revenu sur leur compte depuis que nous avons fait voir qu'ils avaient fait comme les bouchers urbains ; qu'en 1850, ils avaient fait de beaux bénéfices, et qu'ils n'avaient nullement produit l'effet qu'on se promettait de leur concurrence, *l'augmentation de la production* et l'augmentation des prix de vente pour les herbagers.

Plus raisonnable que les partisans de la concurrence illimitée, qui veulent écraser les bouchers urbains, on sait maintenant dans quel but nous désirons maintenir la concurrence des bouchers forains; nous voulons qu'elle ne soit pas une cause d'*inquiétudes sérieuses* pour la santé publique, et nous voulons en même temps qu'elle profite à la classe peu aisée.

Aussi, nous proposerions que la vente ne fût permise aux bouchers forains que le DIMANCHE et le MARDI.

Ce sont ces deux jours-là où l'ouvrier, celui enfin qui peut consommer de la viande, s'approvisionne.

Le reste de la semaine, la vente est peu de chose pour la classe ouvrière ; c'est la classe aisée qui fait des achats dans les autres jours. Ne serait-il pas juste que la vente lui en soit faite par les bouchers urbains qui, eux, ont toutes les charges de la ville, surtout lorsqu'il est constant qu'ils ne vendent pas la viande plus cher que les bouchers forains ?

La proposition que nous faisons n'a rien d'extraordinaire ; cela existe pour les boulangers ; les forains ne viennent que les *lundi, mercredi* et *vendredi.*

Ils ont trois jours ; parce que tous les habitants de la ville mangent du pain, tandis que près de 50,000 habitants ne mangent pas de viande de boucherie.

En 1846, l'entrée des viandes était de 4,109,647 kil. en moyenne, depuis 1847 à 1850, l'entrée n'a plus été que de 3,911,223 kil.

Nous ne parlons, bien entendu, que des quatre viandes de boucherie : bœufs, vaches, veaux et moutons.

Quant aux porcs, voici quelle en est la consommation : Elle a augmenté en moyenne, depuis 1846, de 283 grammes par tête. En 1846, elle était de 5 kil. 317 grammes par tête. Pendant les quatre années 1847, 48, 49, 50, elle a été de 5 kil. 590 grammes par tête, ce qui donne 15 grammes par jour et par tête. En faisant le même calcul que pour les quatre viandes de boucherie, on verra qu'en admettant qu'un habitant mange 150 grammes de viande par jour, il y aura dix habitants qui n'y touchent pas.

Nous terminerons l'examen du moyen formulé en tête de ce

paragraphe en faisant remarquer que, depuis l'établissement de la concurrence , *l'entrée* des quatre viandes de boucherie a diminué.

§ IV.

Vente dans les échoppes par qui bon semblera

Ceci est une mesure de police qui n'a aucune influence dans la question. Les bouchers urbains auront le même droit. Passons.

CHAPITRE VI.

Vente à la criée de la viande par quartier.

Cette mesure si vantée et qui, dans sa nouveauté, apparaissait comme le *nec plus ultrà* des moyens propres à amener une diminution dans le prix de la viande , au dire des hommes impartiaux, cesse déjà à Paris, où elle pouvait *seulement* produire peut-être un bon effet, d'être considérée comme atteignant le but que l'on se proposait.

L'introduire à Rouen, c'est introduire le *commerce à la cheville*, qu'à Paris cette mesure était appelée à rompre, disait-on.

En effet, au lieu d'aller à Roulot, les marchands bouchers qui ne tuent qu'un bœuf la semaine iront à la criée et achèteront un quartier un jour , un autre quartier le surlendemain. Ce sera les gros bouchers qui achèteront directement sur les marchés, parce que jamais les rabiniers ni les herbagers ne se feront bouchers.

Ainsi, au lieu que la *concurrence* des bouchers au marché de Routot balance *l'entente cordiale* des marchands de bœufs ou rabiniers, les gros bouchers, étant seuls sur le marché, feront la loi à ceux-ci, qui, à leur tour, la feront encore mieux aux herbagers.

Il sera de cette mesure comme de tant d'autres qui doivent produire des effets merveilleux, tant qu'on ne les met pas à l'épreuve, mais qui, une fois mises en partique, font *long feu.*

Encore, si cette mesure devait profiter à la classe ouvrière ; mais il nous est impossible de croire que trois ou quatre ménages qui se seraient mis ensemble pour acheter une fois une pesée de viande de 10 à 12 kil., recommençassent une seconde fois à acheter en commun de la viande. On nous dispensera de déduire les raisons qui nous font penser ainsi, tant elles sont faciles à suppléer.

CHAPITRE VII.

Établissement à Rouen d'un marché aux bœufs gras et abbatage dans les abattoirs par les producteurs eux-mêmes.

Autrefois, il existait un marché aux bestiaux *maigres* qui se tenait au Vieux-Marché, puis ensuite à la *Rougemare*, plus nouvellement au *Boulingrin*, et enfin il fut transporté auprès des abattoirs.

Depuis qu'il a été transporté à cette dernière place, étant à la proximité de Sotteville, les nourrisseurs de cette commune amènent à ce marché leurs vaches grasses, mais en très-petite quantité, comme on peut s'en convaincre en lisant les mercuriales.

Nonobstant l'existence de ces marchés, les bouchers de Rouen allaient et vont toujours s'approvisionner de bestiaux *gras* à Routot

Jamais le marché de Rouen n'a fourni à la ville des bœufs gras, parce que jamais Rouen, à lui seul, n'a pu attirer une assez grande quantité de bestiaux. En effet, il ne faut, pour la consommation de Rouen, que 140 bœufs par semaine. Croit-on que les rabiniers vont se donner la charge d'amener 140 bœufs à Rouen? Ils conduisent à Routot 350 bœufs par semaine, cela vaut la peine; mais conduire 140 bœufs pour la consommation de la ville de Rouen, y pense-t-on?. Comment, les rabiniers qui, pour quelques centimes, couchent les hommes qui conduisent leurs bœufs à Routot pendant la nuit du *mardi* au mercredi, iront donner 1 fr. pour coucher ce conducteur!

Comment, pour **75 c.** cet homme est nourri à Routot, et à Rouen, il faudra au moins 1 fr. 25 c.!

Comment, les bestiaux trouvent en arrivant à Routot de gras pâturages, et à Rouen, presque tous ceux que les bouchers avaient leur ont été enlevés? (Voir le règlement de 1751 qui maintenait les bouchers dans le droit de faire pâturer leurs bestiaux dans les bruyères de Saint-Julien, consistant en 549 acres (ancienne mesure), et dans les pâturages de Beaurepaire et de Bihorel.)

Comment, au lieu de ces pâturages, il faudrait que les bœufs fussent mis dans des écuries et nourris aux fourrages, le tout à des prix assez considérables?

Est-ce que l'on ne voit pas de suite que ce surcroît de dépenses sera payé par le consommateur, et que l'augmentation de la viande s'en suivra?

On dira sans doute que les bouchers n'auront plus de frais de transport *à Routot*. Cela est très-vrai; mais pour acheter *un*, *deux*, *trois* bœufs, ils dépensent 7 fr. par semaine, et les rabiniers, s'ils se décidaient à venir amener des bœufs à Rouen, seraient obligés de les augmenter d'au moins dix francs chaque.

Mais un autre côté de la médaille que l'on n'a pas aperçu, c'est que les rabiniers seraient tout à fait maîtres du marché, et que la viande, au lieu de diminuer, augmenterait.

Nous disons toujours les rabiniers, parce que les éleveurs ne *viendront jamais eux-mêmes* vendre au marché de Rouen.

Et ceci nous le tenons d'hommes pratiques.

« En effet, la majeure partie des herbagers du Calvados n'ont « pas un cinquième de leurs bœufs qui convienne à *Rouen*; on « choisit pour *Routot* (où Rouen, le Havre, Évreux s'appro- « visionnent) des bœufs que l'on vendrait très-bien à *Poissy*; « mais ceux que l'on envoie à *Poissy* ne se trouveraient pas « vendus aussi facilement à Routot. »

Comment, d'après ce renseignement positif, croire que les herbagers viendront jamais à Rouen vendre eux-mêmes leurs élèves ?

Ce seront donc les rabiniers qui seraient toujours en posses- sion de fournir Rouen, et ils amèneraient juste la quantité nécessaire à la consommation de *Rouen*, et ils tiendraient en- core *bien plus facilement la main* aux bouchers de Rouen; leurs bœufs seraient tout arrivés pour partir par les chemins de fer pour Paris.

L'établissement d'un marché aux bestiaux gras serait encore une de ces mesures qui, mises en pratique, tombent d'elles- mêmes.

La facilité, que l'on propose de donner aux éleveurs, d'a- battre eux-mêmes les bestiaux invendus, ne donnera pas plus de force vitale à cette mesure; les éleveurs qui n'auraient pas vendu à Rouen auraient encore l'espoir, avant de faire abattre leurs bestiaux, de les vendre à Paris, et ils les y enver- raient de préférence à se mettre *bouchers*.

Du reste, cette facilité existe en ce moment. Si un vendeur veut abattre lui-même un animal, il a le droit de le faire à l'abattoir ; il est vrai que l'habitude n'existe pas encore de vendre la viande à la criée ; mais cette mesure, nous l'avons dit, ne nous semble pas devoir avoir de grands résultats.

Nous avions entendu dire que les environs de Rouen pourraient amener des bœufs au marché qui serait établi. Nous avons voulu nous assurer des faits, et nous avons appris que *Charleval*, où il existe un herbage, envoie à *Rouen*, directement à des bouchers, 60 à 70 bœufs ; que le pays de Bray envoie environ 50 bœufs par an.

Le marché des bœufs restera à Routot par la force des choses. On pourra inscrire sur les poteaux qui délimiteront le marché à créer : Marché aux bestiaux gras, *mais on n'y en verra pas.* *Routot* a été et sera encore longtemps le marché approvisionnant *Rouen*, le Havre, Évreux, etc., etc.

Le pays de *Caux*, la vallée de *Bray* enverront, dit-on, leurs vaches grassses on leur donnera des paturages ; nous soutenons, puissions-nous être dans l'erreur, que cela n'aura pas lieu.

CHAPITRE VIII ET DERNIER.

Suppression des intermédiaires.

L'embarras des herbagers nous semble devoir être grand si l'on supprime les intermédiaires. En effet, comment l'herbager pourra-t-il s'occuper de ses élèves dans ses pâturages et à l'étable, et aller lui-même aux marchés de *Poissy*, *Sceaux*, *Routot* ? etc., etc.

Les écrivains qui ont proposé cette suppression d'intermédiaires ont-ils bien réfléchi à ce point. Du reste tous ne sont pas de cet avis, car on a reconnu dernièrement que les marchands de bœufs *rendaient de très-grands services à l'agriculture*, ce qui implique nécessairement le besoin de les conserver.

Et cependant le gain qu'ils font nous semble bien considérable. Toutefois cependant aussi nous pensons qu'il ne faut pas les détruire ; mais aussi nous pensons que les herbagers, tenus plus au courant du *prix réel* des ventes dans le marché de *Routot*, par exemple, devraient tenir leurs prix à un taux plus élevé.

Nous savons malheureusement que les bœufs, arrivés à un certain point d'engrais, dépérissent et qu'il faut vendre sous peine de perdre ; mais cependant la différence qu'il y a entre les prix de vente des herbagers et celui de vente des marchands de bœufs nous semble bien considérable.

Ainsi, bien avant 1840 et depuis jusqu'en 1847, dans le Calvados, on achetait le *maigre* 80 c. le kil. et on vendait le *gras* 1 fr.

De 1840 à 1847, les rabiniers vendaient à *Routot*, en moyenne, 1 fr. 25 c. le kil. ; ils gagnaient 15 c. par kil., soit, sur un bœuf de 358 kil., 50 fr. 70 c.

En 1848, le *maigre* s'achetait 74 c., le *gras* se vendait 1 fr.

A *Routot*, on vendait le gras 1 fr. 09 c.

Les rabiniers gagnaient par kil. 09 c.

Soit 32 fr. 22 c. sur un bœuf de 358 kil.

En 1849, le *maigre* s'achetait 74 c. le kil.

L'herbager vendait le *gras* 90 c. le kil.

A Routot, on le vendait 1 fr. 09 c. le kil.

Les rabiniers gagnaient 19 c. par kil., soit 68 fr. 02 c. sur un bœuf.

En 1850, le *maigre* s'achetait 74 c. le kil.

Le *gras* se vendait 90 c. le kil.

Les rabiniers vendaient 97 c. le kil.

Les rabiniers gagnaient 7 c. ou 25 fr. sur un bœuf de 358 kil.

En 1851, le *maigre* s'achetait 74 c.

Le *gras* se vendait 90 c.

Les rabiniers ont vendu jusqu'au dernier marché de mai, *en moyenne*, 1 fr. 09 c.

Ils gagnent 19 c. par kil. ou 68 fr. 02 c. sur un bœuf de 358 kil.

Certes, nous aurions bien tort de laisser seulement penser que ceci soit tout bénéfice, que les rabiniers n'éprouvent pas des pertes ; mais nous dirons, avec la même franchise, que leurs bénéfices sur un bœuf étant, en moyenne, depuis 1840, de 14 c. par kil., ils font d'assez beaux bénéfices pour que les herbagers puissent trouver qu'ils leur font payer un peu cher les *grands services* qu'ils leur rendent.

Cette moyenne de 14 c. donne en effet, sur un bœuf de 358 kil., un bénéfice de 50 fr. 12 c.

Les herbagers pourront-ils prétendre, après des documents aussi précis et que nous avons puisé aux sources les plus sûres et les plus honorables, que les bouchers sont cause que la consommation de la viande n'augmente pas ?

Peuvent-ils accuser les bouchers d'être cause de la diminution éprouvée par les bestiaux qu'ils vendent aux rabiniers ?

Nous ne le pensons pas.

Les bouchers, nous ne saurions trop le redire, sont sous la pression des rabiniers comme le sont les herbagers eux-mêmes.

Après avoir ainsi passé en revue les divers moyens proposés pour arriver *à fournir la viande à bon marché*, nous nous résumons et nous disons que le seul moyen qui existe de la fournir à un prix raisonnable, sans nuire à la liberté des transactions, c'est *de diminuer le droit d'abattoir* et de *restreindre aux morceaux de choix les droits d'octroi*.

Certes, si, en ajoutant à cette diminution de droits la possibilité d'arriver à ce que les bouchers puissent acheter *directement* des herbagers, dans ce moment, la viande à 90 c. le kil.; s'il pouvait arriver que les cuirs, les suifs se vendissent aux prix de 1840 à 1847, ils pourraient donner la viande à un prix moindre que celui actuel ; ils pourraient même donner un bénéfice à l'éleveur de 05 c.

Donnons-en la preuve.

Compte de revient d'après le mode nouveau par nous proposé avec l'achat direct.

1 bœuf de 350 kil. abattu, prix d'achat à
95 c. le kil. 332 fr. 50 c.

Droits d'octroi sur les hauts morceaux for-
mant à peu près la moitié de 358 kil., poids
moyen d'un bœuf abattu, 179. 16   46

Dixième, ... 1   64

Timbre. . . . . . . , ... »   10

Droits d'abattoir réduits. 3   18

                                                    354 fr. 88 c.

Faux frais nécessités par l'achat direct chez
l'herbager ou conduite par l'herbager à *Roulot* :

Par chaque bœuf. 10   »

Bénéfice brut du boucher. 52   »

32 fr.   40 kil. cuir à 80 c.

60   60 kil. suif à 1 fr.

18   Issues.

214   80 c.   179 kil. de premiers morceaux
                      à 1 fr. 20 c. le kil.

92   08   179 kil. de bas morceaux à 51 c.
                      le kil.

                      Moyenne , 80 c.;
                      15 c. *meilleur marché que la
                      viande n'avait été achetée.*

416 fr. 88 c.   Total égal . . . .   416 fr. 88 c.

Mais malheureusement de longtemps il ne peut en être
ainsi ; il faut que les marchands de bœufs continuent à rendre
de *grands* services à l'agriculture : elle ne peut espérer voir

emont er ses prix qu'en donnant une organisation à son commerce de bestiaux et de céréales.

Mais nous revenons toujours à nous demander :

Comment on pourra abaisser les prix de vente de seconde et troisième main, même en diminuant les droits d'octroi, si l'on veut augmenter les prix du producteur ?

Nous disons qu'il faut, autant que faire se pourra, délivrer la viande des droits qui pèsent sur elle dans les villes ; mais promettre de la livrer à un prix à la portée de l'ouvrier qui ne gagne, à la ville ou à la campagne, que 1 fr. 75 ou 1 fr. 50 par jour de travail, nous le répétons, c'est un leurre..., c'est plus, c'est une faute.

FIN.

Rouen.—Thyp. et Lith. de O. MOGET-FÉRÉ, rue des Iroquois, 25.

BUDGET DES DÉPENSES

QUE DEVRAIT POUVOIR FAIRE L'OUVRIER NON MARIÉ.

NATURE DES OBJETS.	QUANTITÉS		VALEURS.	TOTAUX.
	PAR JOUR.	PAR AN.		
Pain.	1 kil. 50 d.	347 kil. 50 g.	» fr. 50 c.	164 fr. 25 c.
Boisson, cidre.	4 litres.	1,460 litres.	» 07	102 20
Bois.	»	2 stères.	30 »	60 »
Blanchissage.	»	7 kil.	» 25	2 80
Sel.	»	6 kil.	» 70	4 20
Chandelles.	»	10 kil.	1 75	17 30
Beurre.	»	»	» »	4 »
Poivre, huile.	»	»	» »	1
Vinaigre.	175 gr	65 kil.	1 10	69 »
Viande.	26 cent.	100 kil.	» 60	60 »
Légumes.	»	2	5 »	10 »
Chemises.	»	2	7 50	15 »
Blouses.	»	2	9 »	18 »
Pantalons.	»	2	» »	40 »
Redingote (achat et usure).	»	1	9 »	9 »
Chapeau.	»	1	2 50	2 50
Casquette.	»	1	9 »	9 »
Souliers.	»	3	4 »	12 »
Galoches.	»	»	5 »	5 »
Literie (usure).	»	2	5 »	5 »
Paires de bas.	»	4	» 30	2 »
Mouchoirs de poche.	»	4	2 »	2 »
Paire de guêtres.	»	»	7 »	[illegible]
Gilets, bretelles, etc.	»	3	1 »	5 »
Cravates.	»	1	8 »	8 »
Paires de draps (achat et usure).	»	1	4 »	4 »
Couverture (achat et usure).	»	6	1 »	1 »
Chaises (usure).	»	»	[illegible]	[illegible]
Ustensiles de travail (achat, usure et inté-	»	»	50 »	50 »
rêts).	»	»	50 »	50 »
Logement.	»	5 fr. 80 c.	5 80	5 80
Impositions.	»	10 »	10 »	10 »
Frais de médecin.	»	8 »	8 »	8 »
Frais de maladie.	»	6 »	6 »	6 »
Menues dépenses.	»	6 »	6 »	6 »

Total de la dépense que *devrait pouvoir* faire un ouvrier non marié . . . . . . 752 fr. 90 c.

Dans toutes les publications, mêmes officielles, on compte 300 jours de travail ; les maîtres tiennent en moyenne leurs établissements 300 jours en activité ; mais l'ouvrier, personnellement, ne travaille que 234 jours ; 52 dimanches, 6 fêtes, 73 jours de chômage pour réparations, manque de travail, maladies, etc., etc. ; total, 365 jours.

Celui qui gagne	a à dépenser	
par jour	par jour	par an
» fr. 65	» fr. 42 c.	152 fr.
1 »	» 64	234
1 10	» 74	257
1 15	» 75	269
1 25	» 81	302
1 50	» 99	361
1 75	1 11	409
2 »	1 27	438
3 10	2 »	742

La moyenne étant de 500 fr., il s'en suit que pour payer son boulanger et son propriétaire, il faut que l'ouvrier rangé se

prive de boisson	. . . . . .	162 fr. » c.
de viande	. . . .	69 »
de bois	. . . .	60 »
de beurre	. . . .	17 50
de pain	. . . .	64 »
de blanchissage	. . . .	31 40
Total.	. . . .	343 fr. 90 c.
Son gain	. . . .	409 »
Total.	. . . .	752 fr. 90 c.

| de 1844 à 1845. | | de 1849 à 1850. | de 1844 à 1845. | | de 1849 à 1850. | NOMBRE des Veaux abattus en 1850. | | NOMBRE des Moutons abattus en 1850. | |
Nombre des Bouchers.		Nombre des Bouchers.	Nombre des Bouchers.		Nombre des Bouchers.		Nombre des Bouchers.		Nombre des Bouchers.
0	351	1	3	96	1	450 Veaux	1	1010 Moutons	1
1	336	0	0	93	1	340	1	676	2
1	263	0	1	92	0	300	1	520	6
0	255	1	0	90	2	211	1	468	5
0	241	1	1	88	0	207	1	463	1
1	238	0	1	87	0	205	1	416	2
1	206	0	0	85	1	200	2	361	5
1	197	0	1	84	1	190	3	360	1
1	183	0	1	80	0	189	1	312	3
1	175	0	1	79	0	185	1	280	8
1	174	0	1	78	0	180	1	251	1
0	173	1	1	77	0	170	1	208	13
0	170	1	1	76	1	157	1	202	2
1	165	0	1	75	0	150	1	156	16
1	163	2	0	74	1	144	1	152	1
1	160	6	1	73	0	140	2	150	2
1	154	0	1	72	0	131	1	140	1
2	153	0	1	71	1	130	2	104	1
1	150	0	0	70	1	127	1		
0	149	1	1	67	0	126	1		
0	148	2	0	64	1	125	1		
1	147	0	0	63	1	120	2		
1	146	0	1	62	1	117	1		
1	145	1	0	61	1	111	1		
0	143	1	1	60	2	110	1		
1	141	0	0	58	1	106	1		
0	138	1	0	57	2	105	1		
1	136	0	1	56	2	104	1		
1	133	0	1	55	0	98	2		
0	132	1	2	54	0	84	1		
1	129	0	4	53	2	86	2		
1	128	0	1	52	7	78	1		
0	124	1	0	51	6	75	1		
1	119	0	0	49	1	71	2		
2	116	0	1	48	1	70	3		
0	115	2	0	47	1	69	2		
1	113	1	0	45	1	66	3		
1	110	1	1	43	4	65	1		
0	105	2	1	38	0	64	2		
2	104	0	0	37	1	63	1		
1	103	1	3	35	0	61	1		
1	102	1	1	34	0	60	9		
0	101	1	0	29	1	55	2		
2	99	0	0	19	2	50	3		
0	98	2	1	12	0	45	1		
1	97	1	0	10	1	37	1		
						20	2		
						10	1		

Mercuriales officielles des marchés de Boutot, année 1851.

Dates des marchés	Prix moyen du kil.	
	fr.	c.
8 Janvier	1	»
15 dº	»	95
22 dº	1	»
29 dº	1	»
5 Février	1	»
12 dº	1	08
19 dº	1	10
25 dº	1	05
5 Mars	1	»
12 dº	1	»
19 dº	1	»
26 dº	1	10
2 Avril	1	10
9	pas de marché	
16 dº	1	20
23 dº	1	»
29 dº	1	»
7 Mai	1	05
14 dº	1	05
21 dº	1	10

Les herbagers ont vendu le gras 90 cent. le kil. en 1851.

OFFICE SPÉCIAL

DES AFFAIRES ADMINISTRATIVES,

RUE PINCEDOS, N° 1er,

Dirigé par M. LEVÊQUE, ancien Juge de Paix.

Nomenclature des administrations devant lesquelles les fondateurs de l'Office spécial se chargent de présenter et de suivre les affaires administratives.

1° Préfecture ;

2° Mairies des villes et communes rurales ;

3° Instruction publique ;

4° Contributions directes et cadastre ;

5° Caisse des consignations (partie administrative) ;

6° Enregistrement et Domaines ;

7° Douanes ;

8° Contributions indirectes et Tabacs ;

9° Eaux et Forêts ;

10° Ponts et Chaussées ;

11° Recrutement, etc., etc.